AF268151

CHAMBRE DE COMMERCE DE DOUAI.

RAPPORT

SUR LA QUESTION DU

RACHAT DES CHEMINS DE FER

PAR L'ÉTAT.

DOUAI

IMPRIMERIE & LIBRAIRIE ALBERT DURAMOU

60, rue Saint-Jacques, 60.

1880.

CHAMBRE DE COMMERCE DE DOUAI.

RAPPORT

SUR LA QUESTION DU

RACHAT DES CHEMINS DE FER

PAR L'ÉTAT.

DOUAI

IMPRIMERIE & LIBRAIRIE ALBERT DURAMOU

60, rue Saint-Jacques, 60.

1880.

CHAMBRE DE COMMERCE
DE DOUAI.

Séance du 4 Novembre 1880.

Etaient présents:

MM. DE BAILLIENCOURT, *Président ;*

HANOTTE, *Vice-Président ;*

CHARTIER, *Secrétaire ;*

CAVROY, FAREZ, FIÉVET, GIROUD, PAIX, TRANNIN, VANDENBROEK, WIBAUT, *membres de la Chambre.*

L'ordre du jour appelle la lecture du rapport sur la question du rachat des chemins de fer par l'Etat.

M. FAREZ, rapporteur, s'exprime en ces termes :

MESSIEURS,

L'intérêt si légitime que vous portez à la question du rachat des chemins de fer par l'Etat, s'est fréquemment affirmé dans vos réunions par des discussions, des lectures de documents, des échanges d'idées.

Dans votre dernière séance, vos avis se sont précisés; vous avez pensé qu'il devenait indispensable, à la veille de la rentrée des Chambres, qu'une délibération les sanctionnât, et permît de les porter à la connaissance des ministres intéressés.

Vous avez bien voulu, Messieurs, me charger d'exprimer l'opinion commune, dans un rapport succinct que j'ai l'honneur de vous soumettre.

Le 12 février 1880, Monsieur le Ministre des Travaux publics présenta à la Chambre des Députés un projet de loi portant approbation du rachat de certains tronçons de la Compagnie du chemin de fer d'Orléans, en vue de former un réseau d'ensemble avec d'autres voies qui déjà étaient la propriété de l'Etat.

Ces lignes secondaires que l'Etat possède en vertu de la loi du 18 mai 1878 avaient été acquises en vue d'assurer la continuation de services d'utilité publique, gravement compromis par la déplorable situation financière des Compagnies concessionnaires.

L'exploitation de ces voies disjointes, englobées

dans le réseau d'une puissante Compagnie, fut et reste onéreuse.

C'est pour sortir d'une telle situation que le Gouvernement propose à la Chambre des Députés la ratification d'un traité passé avec la Compagnie du chemin de fer d'Orléans. Celle-ci cède les lignes nécessaires pour compléter le nouveau réseau, qui desservirait Bordeaux, tous les ports de l'Océan jusqu'à Brest, et réunirait en un faisceau toutes les voies à l'ouest de la grande ligne de Paris, Orléans, Tours et Bordeaux.

Ce serait un ensemble ayant un développement kilométrique équivalent à celui qui resterait à la Compagnie d'Orléans.

Un réseau de ce genre possède en lui tous les éléments de vitalité nécessaires pour l'essai que l'Etat pourrait tenter d'une exploitation directe.

Et j'ajoute immédiatement, Messieurs, qu'il présente à vos yeux cet avantage qu'un faisceau cohérent et de ce développement serait d'une cession beaucoup plus facile que des lignes détachées et déterminerait sans aucun doute, pour son acquisition, la formation d'une nouvelle compagnie.

Le projet ministériel se présente aussi sous ce

jour favorable que le traité, fait d'un commun accord avec la Compagnie d'Orléans, a pu admettre un *modus vivendi* avec cette Compagnie, et n'a pas été soumis aux strictes conditions qu'impose la clause du rachat inscrite aux cahiers des charges des Compagnies.

Loin toutefois de condamner ce principe du droit de rachat, vous y voyez, Messieurs, une garantie pour les intérêts du public, dont il importe de ne pas se dessaisir. Cette clause invite les Compagnies à n'user qu'avec modération des priviléges qui leur ont été concédés, à donner plus entière satisfaction aux exigences du commerce, à admettre enfin de la façon la plus large le contrôle de l'Etat et son action pondératrice.

Nous ne pouvons en effet perdre de vue, Messieurs, que nous avons eu fréquemment à nous faire les organes de nos industries, de notre commerce local, pour de sérieuses réclamations.

Je citerai plus particulièrement celles qui visent l'insuffisance du matériel mis à la disposition du public. Depuis plusieurs années, les plaintes ont été constantes dans notre région et l'inconvénient subsiste encore à l'heure présente.

Vous appréciez que la situation prospère des

Compagnies justifierait de leur part des allége-
ments sur les tarifs de petite et de grande vitesse,
sur les transports des voyageurs, réductions aux-
quelles pourrait s'associer l'Etat par un nouvel
abaissement de l'impôt.

Une atténuation des conditions restrictives des
tarifs spéciaux, des simplifications dans les classes
et séries sont aussi unanimement réclamées.

La direction du contentieux des Compagnies ne
devrait-elle pas se départir de sa tendance marquée
à éluder les réclamations, à ne laisser de voie
ouverte à la solution des litiges que dans les
recours aux procédés judiciaires qui généralement
répugnent aux négociants.

Enfin les délais d'exécution des voies nouvelles
qu'exagèrent fréquemment les cahiers des charges,
sont encore trop souvent illégalement dépassés
dans la pratique, d'une façon préjudiciable aux
intérêts des populations.

En raison de ces considérations vous avez pensé
Messieurs, que non-seulement il serait imprudent
à l'Etat de se dessaisir de son droit de rachat ;
mais qu'il importe d'accueillir tout projet, toute
étude qui pourrait avoir pour effet d'étendre l'action de son contrôle et de le rendre plus efficace.

Ces réserves bien établies, la Chambre de Commerce de Douai, n'hésite pas à déclarer qu'elle considérerait comme dangereux de suivre la Commission parlementaire sur le terrain où elle s'engage par le rejet du projet ministériel et sa proposition du rachat intégral de la Compagnie d'Orléans; que ce rachat dût ou ne dût pas comme conséquence forcée entraîner celui de toutes les autres lignes.

Si en effet, Messieurs, vous pouviez considérer le premier projet comme un moyen logique et peut-être moins onéreux que tout autre de sortir d'une situation fâcheuse dans laquelle l'Etat se trouve engagé, il n'en est plus de même avec le système de la Commission et vous partagez ici de la façon la plus complète toutes les appréhensions des diverses Chambres de Commerce qui se sont déclarées contraires à la proposition.

Nous ne croyons pas utile de relever tous les inconvénients signalés par les Chambres de Commerce de Nancy, Marseille, Nantes, etc... Nous détachons brièvement ceux qui ont à nos yeux le caractère le plus grave.

L'Etat rachetant les voies ferrées pour les exploiter par lui-même :

C'est une atteinte dangereuse portée au système économique et financier du pays.

C'est le déplacement de l'axe de nos Budgets, qui dès lors sont soumis à des fluctuations, à des éventualités redoutables.

C'est l'initiative privée, étouffée dans son germe le plus vivace et le plus fécond.

C'est l'industrie enrégimentée et le fonctionnarisme prenant les proportions les plus vastes.

Des considérations de cette nature ne permettent pas l'hésitation, et la Chambre de Commerce de Douai formulant ses conclusions,

Déclare :

Qu'elle verrait avec inquiétude le Gouvernement se ranger à l'avis de la Commission, transformer les propositions de celle-ci en projet de loi et appeler les Chambres à sanctionner le rachat complet des lignes de la Compagnie d'Orléans.

Qu'elle adopte comme sien, l'avis du Conseil général du Département du Nord estimant que le moment actuel serait plus particulièrement inopportun pour une opération de ce genre.

Qu'elle verrait aussi de graves inconvénients au recours à des Compagnies fermières dont l'intervention suivant elle, ne serait qu'une atténuation insuffisante à l'acquisition des voies ferrées par l'Etat.

Qu'elle considérerait comme suffisamment pro-
bant, et pouvant donner toutes les indications uti-
les, l'essai d'exploitation directe, qui pourrait être
tenté en cas d'adoption du projet ministériel.

Elle déclare enfin ne se rallier à ce dernier
système que faute d'autre issue, d'autre solution
plus satisfaisante.

Lecture de ce rapport entendue, la Chambre de
Commerce de Douai en adopte les conclusions à
l'unanimité.

Elle invite Monsieur le Président à l'adresser à
Monsieur le Ministre de l'Agriculture et du Commerce, à Monsieur le Ministre des Travaux publics
et à Monsieur le Ministre des Finances.

Elle en décide en outre l'impression et l'envoi
aux diverses Chambres de Commerce.

Pour copie conforme:

Le Président de la Chambre,

CH. DE BAILLIENCOURT.

Douai.— Imprimerie A. DURAMOU, rue Saint-Jacques, 60.